AF280490

Herstellung und Verlag:
Books on Demand GmbH, Norderstedt
ISBN 978-3-8370-2813-3

Total kaputt...
Eine hübsche Geschichte von Mario Lostinio, Geilomat!

Viel Schepass beim lesen!

www.mariolostinio.de.tl

Kapitel 1: Der dicke Mann!!!

Immer wieder stellte er sich die Frage, ob kleine Menschen nach einer Steuererhöhung Probleme haben würden beim Auto fahren.

Außerdem belastete ihn die Tatsache, dass er so fett war, dass er ständig eine dreispurige Autobahn sperren lassen musste, wenn er seine Hosen bügeln wollte.

Ganz davon abgesehen, war er noch dazu so dumm, dass er Babybell mit dem roten Wachsmantel aß und sich fragte, warum das Zeug so „…scheiße schmeckt!?"!

Ach ja – man darf nicht vergessen, er hat sich sogar mal so richtig verarschen lassen, als er bei EBay ein W-Lan-Kabel für 67 Euro bestellte und sogar darüber stolperte!

Sie werden merken, wir haben es hier mit einem besonders „besonderen" Menschen zu tun. Was man ihm allerdings hoch anrechnen muss, und was auch mindestens genau so gut ist:

Er merkte überhaupt nicht, wie bescheuert er eigentlich war.

Und obwohl er ein Mann war, war er eigentlich eine Frau. Zwar keine formschöne und intelligente Frau, aber dafür eine ohne Brüste und ohne Schlitz!!!

So sind die Weiber halt…

Seine Hobbys waren Urinalsteine so klein zu pinkeln, dass sie durch die kleinen Löcher im Urinal verschwanden.

Er gab sich selbst Punkte für jeden versenkten Urinalstein und feierte jeden Punkt mit einer Kiste Bier.

Zwar war es widerliches, stinkendes und vermutlich sogar bereits abgelaufenes Altbier, aber dass ist immerhin Geschmackssache, gab es aber dafür auch wesentlich günstiger im Getränkefachhandel zu erwerben, und

daher wollen wir hier den Typ Altbier nicht charakterlich bewerten!!!
Man könnte höchstens noch hinzufügen, dass ein Kölsch mindestens tausend Mal besser schmeckt. Aber das fügen wir an dieser Stelle nicht hinzu.
Trockenangeln war eines seiner weiteren Hobbys. Er saß bei der Ausübung des Sportes auf einem Chillomat-Stuhl und versuchte von dort aus immer den Köder in einen Eimer zu werfen. Tolle Sache! Natürlich litt er unter einem dezenten Geruch aus dem Hals, aber das hing damit zusammen, dass er vor dem Schlafen gehen immer heija machte. Ach ne, eine Zigarre rauchte. Im Bett. Im Dunkeln. Alleine. Äußerst suspekt!!!
 Sicherlich werden auch Sie schon einmal, vielleicht auch schon mehrmals einem Menschen wie diesem begegnet sein. Dafür möchte ich mich bei Ihnen entschuldigen.
Mein Psychologe sagt ja auch immer, dass ich da nicht drüber sprechen soll.
Na ja – ich sag ja immer: „Lieber dick als glücklich!" Sie verstehen!
Heija machen ist im Übrigen ein Tut-Wort, weil man heija machen tut!!!

Jetzt schon mal vielen Dank an Sie, dafür, dass Sie dieses Buch käuflich erworben haben. Diese Tatsache macht sich nicht nur auf meinem Konto bemerkbar, sondern auch finanziell.
Immer häufiger, stellte er sich vor, dass er wie Peter Pan durch die Lüfte schwob und dabei wie ein Vögelchen zwitscherte.
Manchmal pfoff er sogar eine Meloday.
Ach was, ein Fehler?
Meinen Sie???
Ne, falsch gemeint!!!
Sein zweites Er zeigte ihm vor seinem geistigen Auge, dass er mit seinem Riesenvolumen, also seiner enormen Masse, aussah wie eine Hummel, die so fett war, dass seine verhältnismäßig kleinen Flügel trotz aller Anstrengung ihn maximal zwölf Komma drei Zentimeter in die Lüfte hob und dann ihren Dienst wieder kläglich versagten. Dabei hing er an seinen Flügeln, wie ein nasser Sack. Man hätte sich vorstellen können, dass plötzlich die Flügel abreissen und voller Freude und Erleichterung ganz allein vom Glück „beflügelt" weiterfliegen.
Aber das ist nur die blanke Theorie.

Ja, genau das ist die absolut reine Wahrheit und nichts als die Wahrheit, so wahr ihm Gott helfe, Punkt!

Doch warum erzähle ich Ihnen das alles???

Na???

Ich weiss es selbst nicht.

Klar – er war in seiner geistigen Auffassungsgabe relativ eingeschränkt, aber aus irgendeinem Grunde besaß auch er eine Lebensberechtigung!

Selbst Worte wie „Geh sterben!" oder „Wirsing!" konnten ihn nicht davon abhalten weiter vor sich hin zu vegetieren.

Bähm!

Strange, ne!?!?!?

Lalalala – ich glaub, ich werde verrückt...

Dieses Buch ist gut, aber es geht nicht!

Hey Buch, Du hast mir mächtig gut gefallen, und jetzt habe ich heftig viel geraucht!

Superstar aus Köln!!!

Sicher – Dicker, sicher!!!

Dialog Anfang:

„Also – ich stehe ja auf Dirty-Talk, Anal und Anpissen! Und Du???"

„Öhm, also solange ich dabei nicht gefesselt oder geknebelt bin, ehm… mach ich eigentlich alles mit!"
„Laber, krass!"
„Faust in den Arsch oder was!?"
„Ne, besser nicht!"
„Ja dann nehme ich erstmal gar nichts!"
„Wenn Du mich verarschen willst, bist Du bei mir an der richtigen Adresse!"
„Wö, wö, wö, weißt Du, wäwä wie ich mit zweitem Vornamen heiße?"
„…ehm: Nö!"
„Geile Fickstute!"
„Öh!"
Dialog Ende!

Das dieses Buch immer wieder auf Köln fixiert wird, liegt eigentlich nur daran, dass der Autor, also ich meineszeichens, aus Dortmund kommt.
Quasi aus Dortmund Lanstrop!
Dem sonnigen Stadtteil der Stadt, mit dieser immer wehrenden Smok-Glocke am Himmel.
Sie wissen, die, die stündlich schlägt.
Ding, Dong! Ding Dong, Ding!
Ringedingdong, rarringeringedingdong, ringedingdingdong, juf gat tu wek ap se song!

Und jetzt sag ich erstmal Danke:
„Danke!"
Wir könnten an dieser Stelle noch mal
zurück zu unserer Hauptperson kommen.
Die Option, auch an jeder anderen Stelle
zurück auf ihn zu kommen, lasse ich mir
jedoch an dieser Stelle offen!
Weil der Körper sich bewegt und nur der
Geist reist!
Verreist!
Vermilchreist!
Schund und Mehr, Schund und Ozean,
Schund und Atlantik!
Natürlich darf nicht unerwähnt bleiben,
dass auf dem Schrank eine
unwiderstehlich erotische, goldene Frau
lag, mit oliv-algen-grünem Haar.
Na ja, die „geile Schlampe", so nannte er
sie immer liebevoll, da hoch zu wuchten
war schon lebensgefährlich.
Sie war schwer und er war schwach.
Er stieß sich die Haarspitze von ihr in
sein Auge und hatte für etwa 10 Tage ein
Blaues!
Aber das hatte er vorher ja auch. Nur
nicht drum herum.
Seine Idee war, diese Alte mal
umzulackieren, in silberne Haut und
blauem Haar.

Doch vorher müsste er sie mal ausschütten, weil sie vor lauter Sexualität schon voll war. Und voll ist gleichzeitig schwer. Da würde er sich einen Bruch heben, bis die Alte im Keller ist.
Sperma die Tür auf!
Yeah – wieder einen Klostein weggepinkelt. Und dieses Mal sogar, war eine echte Schnapszahl.
Also: Halligallidrecksau-Party!
Er mit allen Freunden!
Die Zigarre, die er zu diesen Anlässen rauchte schmeckte besonders gut, weil es seine eigene war, sie wissen, die Zigarre, die er in der Nacht zuvor in seiner Buchse fand…
Sicherlich erwarten Sie zum Ende des Buches hin einen gewissen „Aha-Effekt", und damit Sie nicht bis dahin warten müssen, greife ich dem schon mal vor:
Er ist nicht gestorben, und wenn er noch am leben ist, dann… - quatsch… Finger im Po – Mexiko! Bein im Rhein und rein in Main… Bitte – Danke! Bitteschön! Schankedön!!! Fertig!

Ab und zu, je nach dem, wie groß sie war, blieb er in ihr stecken, also – in der Rutsche!

Immer wieder pflegte er den Gedanke, dass er, wenn ihn, was ihm bis dato jedoch nicht passierte, angesprochen würde von einer bezaubernden Schönheit, aussagen würde:

„Ich bin nicht so einer, ich bin leicht zu haben!“

Die „bezaubernde Schönheit“ hätte sich darauf hin vermutlich gedacht, dass er immerhin ehrlich ist, im Gegensatz zu den meisten anderen Männern.

Nach einer feucht-fröhlichen Sommernacht vom dreiundzwanzigsten auf den öhm... vierundzwanzigsten öhm… Dezember im letzten Jahr stand ich mit einem Hauch von Kopfweh und ein klein wenig verkatert am späten Nachmittag auf.

Ich schob mich vorsichtig in die Küche und suchte mein Frühstück: Kaffee, Kippen, Aspirin und die Bild.

Nichts von dem fand ich vor, stattdessen meine Ehefrau, die etwa sieben bis zehn Stunden länger wach sein musste als ich. Widerlich! Und wie begrüßt sie mich? Mit den folgenden Worten:

„Du siehst aber mal echt scheiße aus!"
Fuppp – krasse Gesichtslähmung
meinerseits, Adrenalinstoß meinerseits
und ein einziger Gedanke meinerseits:
„Die Alte assoziiert mein Aussehen mit
Fäkalien!"!
Ich habe reagiert, wie jeder normale
Mann reagiert:
Meine Faust auf ihre Nase, auf die
Augen und abschließend ein ordentlicher
Kinnhaken.
Da hat sie dann wieder rumgeheult und
wieder bluten vorgetäuscht!
Na ja, ich mein, da ist sie doch selbst
schuld!
Mir selbst brauche ich da keinen
Vorwurf machen.
Ein bisschen Taktgefühl ihrerseits ist
doch wirklich nicht zuviel verlangt!
Typisch Frauen halt!
Nachdem sie schließlich eingesehen
hatte, dass sie mal wieder ein
Weihnachtsfest versaut hat und sie ihr
koloriertes Gesicht den Farben des
Weihnachtsbaumes anpasste – blau und
grün, mit einem Stich rot, als Kontrast -,
bekam ich endlich meine Geschenke!
Für sie gab es in diesem Jahr: Nichts!!!
Weil ich mich noch ganz genau an ihre

Worte erinnern kann, die sie im Sommer, in dem wir uns kennen lernten sprach.

Zitat Anfang:
„Ich habe alles was ich brauche um glücklich zu sein!"
Zitat Ende.
Genau deshalb habe ich nicht verstanden, welchen Grund es für sie gab, so sparsam Löcher in die Luft zu glotzen.
Wie dem auch sei, meine Geschenke, vier an der Zahl, überraschten mich schon extrem!

Geschenk 1:
Eine Uhr mit goldenem Armband, gold – oh Gott! Ich wollte eine silberne Uhr, keine Goldene! Silber! Was hab ich einen Hals gekriegt. Kopfschüttelnd und schnaufend warf ich dieses Päckchen zurück unter den Baum.

Geschenk 2:
„Das soll etwas ganz besonderes für Dich sein!" stotterte sie mit zitternder Stimme.
Und was war es?

Ein Taschenmesser mit meinen Initialen.
„Toll!" dachte ich und fragte sie, ob sie weiß, wie viele Menschen es auf der Welt gibt, die genau dieselben Initialen mit sich tragen.
Und überhaupt – ein Taschenmesser, tz – was man damit alles machen kann. Wirklich toll!

Ich kochte beinahe vor Wut. Ihren seltsamen Gehirnfurz habe ich professionell ignoriert.
Ich zog eine Augenbraue hoch und warf ihr einen entsprechenden Blick zu. Kniff mir die Lippen zusammen und schüttelte, meinen Blick wieder abwendend, den Kopf.
Warum will sie mich ständig provozieren!?

Geschenke 3 und 4 habe ich dann nicht mehr angerührt, weil ich keinen Bock auf diese penetrante Verarscherei mehr hatte.
Das habe ich ihr gegenüber auch so begründet. Was will man machen? Sie ist halt nur eine kleine, einfallslose, sehr dumme Hausfrau.

Auf meine Frage, ob sie es denn wenigstens auf die Reihe gekriegt hat, ein ordentliches Festmahl zu kochen huschte sie hysterisch in ihr Reich – die Küche.

Während ich im Wohnzimmer, bei einer Flasche Bier, ungeduldig darauf wartete, dass ich endlich was zu beißen bekomme rief ich hin und wieder in die Küche, ob ich hier verhungern sollte.

Nach etlichen Minuten, mit Sicherheit mindestens zehn, eilte sie endlich zurück ins Wohnzimmer mit einem Teller in der einen und einem Besteck in der anderen Hand. Sie stellte das Essen auf den Tisch und als ich sah, was dort auf dem Teller lag, musste ich direkt an Menstruation mit Frikadelle denken! Was ich auch, ehrlich wie ich bin, kundtat.

Des Weiteren demonstrierte ich ihr ausdrücklich, wie diese Matsche geschmeckt hat, indem ich bei jedem Bissen lautstarkes Würgen vortäuschte und ab und zu ein Stück vom Rinderhack zurück auf den Teller spukte.

Ich halte es nach wie vor für meine Pflicht ihr zu sagen, wenn mir etwas nicht gefällt.

Zwar habe ich bis heute keine Ahnung, warum sie mal wieder so depressiv tat, doch hielt ich es ebenso für meine Pflicht sie aufzuheitern.
Also erzählte ich Witze über sie. Beispielsweise:
„Hey Schatz, Du bist fünfundfünfzig Kilo lebendes Gammelfleisch!"
Das fand sie auch wieder nicht gut und täuschte die nächste Heulattacke vor.
Meine Nerven lagen blank.
„Dir kann man auch wirklich gar nichts recht machen, oder!?" stellte ich sie leicht zornig zur Rede.
Aber nein: „Huh, huh, huh!"
Mehr kriegte sie nicht raus.
Fürchterlich!
Wow – was für eine Frau!
Kumba ja!
Was für ein Scheiß!!!

Dialog 2 Anfang:
„Spiel aber nur „Du" von diesem Album…",,
„"nur Du" gibt es auf diesem Album nicht!"
„Ne ich meinte nur „Du" – sonst nichts davon!"
„Gibt es nicht!"

„Doch!!!“
„Nein!!!“
„Nur „Du“!!!“
„…das   ist   nicht   von   dem!“
„Bor ey, lass mich doch!“
Dialog 2 Ende!

Chance vertan! Dialog 2: Ende!!!
Weiter im Text!

Sommerferien, ein jeder Mensch hatte etwas vor, ausser Bombe die Doofe und Tonne die Dumme, und weil sie nichts in die Ferne zog, führten sie folgenden Dialog:
„Hey Du, schlag mal was vor!“
„Weiß nicht, mach Du, ich hab was im Ohr!“
Klammer auf: Toll gereimt, Klammer zu und nu???
Vielleicht was zur Optik von Bombe und Tonne, denn die zwei zu sehen, das ist die reinste Wonne, sie sahen aus wie Schweine, mit langen Haaren, kurze Beine, ohne Schwanz unglaublich dumm, die Nase läuft und sie ist krumm!
Fertig! Soviel dazu!
Und nu???

Um die Ärsche nicht noch platter zu sitzen und um nicht in der Arschrinne zu schwitzen, gingen sie spazieren.
„Willst Du mich verwirren?"
Nein!
Überall wo sie waren kam auch eine Wolke an, die sich ergoss über ihren Kopf, doch die zwei waren es gewohnt, sie trugen Schwimmflossen an ihren Füssen.
„Wo war der Reim?"
Da war kein Reim, denn verdammt der liebt Dich und mich nicht, darum kein Reim, jetzt weiter im Text:
Sie wurden verfolgt, von Birne!
„Wow!!!"
Er hatte große Ohren, das weiss ich genau, sah fast aus wie ein großer Teddybär, doch Birne – ja, ja – Birne war noch mehr!
Er war verknallt in Bombe.
„Oh Nein!"
Tonne wollte er nicht haben.
„Fein!"
Schließlich gibt es auch noch Männer mit Verstand – Gehirnmasse im Kopf ist leider verbrannt!
War das logisch? Nein!
Egal, muss nicht sein!

Mutig stellte er sich vor die Bombe, „Igittigittigittigitt…" und ein schüchternes „Hey, Du Kanone…" kam aus seinem sabberbeschmierten Gesicht und Bombe drückte mit gesamten Gewicht ein Lächeln aus ihrem dicken Gesicht und Tonne glaubte das alles nicht.

Sie kugelte sich vor Lachen auf dem Boden und stieß dabei vor Birnes „Piep", in mitten einer Pfütze von einem kleinen Hündchen küsste sie den Boden mit ihrem dicken Mündchen.

Das ist die Strafe, wenn man über Liebe scherzt, aber jetzt ist das egal, denn sie hat es nicht gemerkt, aber Sie werden sehen, es wird später noch wichtig. Wieso, weshalb, warum, verrate ich Ihnen jetzt nicht!

Vor lauter Pein schmolz Birne wie ein Käse, lag zerflossen da, wie eine Marionäse.

Die beiden gingen weiter in Richtung Stadt, um zu sehen, was das Kino zu bieten hat.

Sie hatten kein Geld, aber das war egal, sie drehten sich um und auf einmal, da geschah es, das darf nicht wahr sein.

War es die Wirklichkeit, oder nur Schein…?
Ihre Augen flogen aus ihren Augenhöhlen, ihre Zungen streiften auf der Straße entlang, die hübschen, kleinen Herzen machten Überstunden, ausser Wolfsgeheul kein rechtes Wort gefunden.
Der Grund dafür war der überbezahlte, unterbelichtete Schauspieler „Leonadro Piapipo!“ Für den sie beide schwärmten, doch niemals dazu stehen, ah ja!
Leo, der Schönling, ja Leo, der Schönling, sah die beiden an. Verständnislos, aber dann, aber dann, begann er zu lächeln an:
„Hähähähä!“
Was für ein Mann, ja, was für ein Mann! Heller als der Ozean strahlten sie die Augen an und dann begann der Mann zu reden an

(Zitat:)
„Würdest Du mir die Ehre erweisen, mich ins Kino zu begleiten?“

Klammer auf:
Gekwirlte Scheiße!
Klammer zu!

„Und nu?"

Bombe und Tonne sahen sich hilflos an:
„Wenn von uns der wohl nur meinen
kann? Wer hat soviel Glück und sitzt im
Kino neben ihn und küsst den Mund von
diesem Schönling???"
Doch Leo lief an Bombe und Tonne
vorbei!
„Häääh?"
Er rief zu Birne:
„Ach Gottchen bist Du süß, lass uns
doch zu zweit ein Filmchen gucken und
lecker Sperma dabei schlucken!"
Bombe und Tonne zerfielen vor Ort in
ihre Einzelteile, man kehrte sie fort, sie
lagen am Rand der Straße herum, doch
nicht für lange, denn es kam ein Jung,
und nicht irgendeiner nein – es war der
andere Leo, der, der aus dem Dschungel
kam, der Hundepipi-Geruch von vorhin,
der machte ihn an.
Er nahm sie mit in sein schönes
Baumhaus, hatte beide furchtbar lieb und
so kam es auch, dass die zwei erlebten
ein schönes „Happy End", doch das wäre
nicht gewesen, wenn ich gewählt hätte
ein anderes tolles End!!!

Applaus! Applaus!
Schankedön – Schittebön!!!
Begriffen? Na?
Wir kiffen, wir kiffen, wir kiffen!
Haha!

Ne! Tun wir nicht, weil das Gras gerade bedeckt ist vom Schnee! Also können wir nur koksen! Begriffen??? Schnee? Koksen? Ne! Tun wir natürlich nicht! Logisch!!!
Wie??? Ist das nun zu hoch für Sie?
Na dann können Sie wohl auch nicht studieren oder auf dem Kran sitzen, weil: Das ist dann auch zu hoch!!! Was denken Sie gerade? Denken Sie doch bitte mal drüber nach! Achso, das war garnicht zu hoch? Sorry!!! Tut mir wirklich sehr leid!!!
Rasieren, ganz wichtig!
An jedem M und F- Tag, also niemals an einem D oder S – Tag!
Vor allem nicht sonntags, denn dieses ist so einer, und zwar der Extremste!!!
Vergessen! Bähm!!! Und ab dafür!
Nicht begriffen? Doch, ne???
Meine Leser sind ja immerhin intellektuell!

Gute Nacht!
Ich stehe vor dem Mülleimer und möchte da den Müll rein schmeißen.
Ich frage: „Du sag mal…?"
Sie sagt: „Is nich schlimm!"
Beide bekommen einen Lachkrampf, der die Wangen schmerzen lässt.
Und dann habe ich auf den Holzbrettern des ehemaligen Wohnzimmerschrankes in der Garage, zugedeckt mit schmutziger Wäsche, gepennt.
Für Pipi bin ich in den Wald gegangen; für Kaka auf das Dixie-Klo der nahe gelegenen Baustelle.
Solange ich die Miete für die Garage zahlen konnte. Danach war das Schloss ausgetauscht. Blöd!!!
Nun denn – ich rief bei meiner Mama an und fragte, ob ich bei ihr schlafen kann, Sie sagte „Nein – doch wenn Du willst fahren wir Dich bis in Deine Garage hinein!"
Ich habe mich gefragt, ob ich dabei im Auto oder vor dem Auto stehe.
Auch total bescheuert, aber aus heutiger Sicht sehr lehrreich und extrem witzig! Danke!
Finger im Po – Mehhicho! Sack rasiert! Hat interessiert!

Frei nach folgendem Motto:
„Lieber gefickt als erstickt!"
Aber auch das interessierte niemanden.
Auch blöd!!! Doch ich sterbe nicht noch
mal.
Hä? Klar!!! Sicha Micha, sicha! Fertig!
Sack rasieren juckt immer!

Sag mal Klettergerüst…
„Du hast ne alte Oma geküsst!"
Sag mal Auto…
„Kacke!"
Hahaha! Verarscht! Aber nun wieder zu
dem, der hier die Hauptrolle spielt!

(Für die diese kuriose Ausschwofung
bitte ich vielmals um Bestrafung in Form
eines kleinen Obolusses in der
Umsetzung der Vortäuschung eines
Mitleidsficks!!!)

Er schrie immer lauthals:
„Aua – Aauuaa!!! Meine wunderschönen
Augen, meine beautiful fucking Augen!"
wenn er beim bummeln in der Innenstadt
spazieren ging. Sagen wir mal zum
Beispiel vor dem Spiegel in H und M.,
oder bei C und A, oder bei P und C.

Und das orthographisch korrekt, trotzt
überdimensional großer Nase und einem
Gesicht.
Er nahm sich vor, als Popstar die Welt
zu erobern, mit der Gewissheit, genug
Geld zu besitzen, dass es bis zu seinem
Lebensende reichen würde, und mit den
Frauen würde es genau so sein…

„Guten Abend, meine Damen und
Herren, ich freue mich, mal wieder vor
Publikum hier in Köln am Rhein ein
wenig musizieren zu dürfen. Als ich
heute morgen die Reise von Dortmund
über Düsseldorf nach Köln zu diesem
Konzert angetreten habe, da ist mir in
der Tat etwas absolut wahnsinniges
passiert:
Ich hab da so in dem ICE gesessen...
...erste Klasse...
...mit Service am Platz, eigene
Stewardess, Zeitung, Kaffee, Asperin...
...schaue so aus dem Fenster, da merke
ich auf einmal, wie der Zug aus den
Gleisen springt, quer durch die
Böschung rast, durch die Landschaft, am
Rhein vorbei, die Böschung wieder hoch
und endlich wieder in die Schienen
springt.

„Hm..." denke ich „das konnte ja jetzt eigentlich gar nicht passiert sein!!!" Ja, und prompt kam der Schaffner und verlangte die Fahrkarte...

...für die erste Klasse, mit allen Vorzügen und jeglichem pi pa po...

...ich zeigte ihm mein gültiges Ticket und erzählte ihm:

„Herr Schaffner, gerade eben... ...schaue so aus dem Fenster, da merke ich auf einmal, wie der Zug aus den Gleisen springt, quer durch die Böschung rast, durch die Landschaft, am Rhein vorbei, die Böschung wieder hoch und springt wieder in die Schienen.... kann das denn sein???"

Der Schaffner bemerkte, dass ihm das auch aufgefallen wäre.

Ich schlug vor, einmal den Lokführer zu fragen, ob das denn wirklich sein konnte.

Der Herr Schaffner fand das eine gute Idee und kam gleich mit.

„Entschuldigen Sie... Sie da... Herrrrrr Lokführer... Sagen sie doch mal, kann es sein, dass..."

Kaum ausgesprochen fiel der Herr Lokführer ins Wort:

„Ja, ja – natürlich, da war doch grad tatsächlich ein Düsseldorfer auf den Schienen!"
 Der Schaffner fragte direkt:
„Ja warum hassn denn nich platt gemacht???"
Darauf der Lokführer ganz empört:
„Ja, hab ich doch, aber erst ist der Idiot vom Gleis gesprungen, quer durch die Böschung, durch die Landschaft, am Rhein vorbei und da hab ich ihn dann gekriegt!"

Ja, ja... war nur n Spaß...!
Hab heut morgen nen Clown gefrühstückt..., hat komisch geschmeckt!!! Haha...!
Nun gut... bin ja nicht hier um viel zu reden, sondern um Euch mit meinen musikalischen, ja, in der Tat ausgesprochen sehr, sehr hochwertigen... musikalischen Darbietungen zu unterhalten.
Ein Lied, das Lied vom Nikolaus! Komposition und Lyrik...von mir!
Als ich dieses Lied geschrieben habe...lass es ein... oder sagen wir zwei... Stunden vorbei sein, da hatte ich mir schon etwas dabei gedacht!

Und zwar: „Was willst Du bei den Empfängern dieser ausgesprochen anspruchsvollen Kost erreichen...?"
„...Liebe... ...Liebe und Verständnis!"
2Verständnis für mich, den immerwährenden, bildlich vorgestellt, einsamen Lonesome Cowboy, alone in da prärie, on his horse, riding into the sun at the horissont... ...yeah!"
But hill never reaches the sun... lonesome poor Cowboy!
Silly Cowboy!
Smelly Cowboy!
Smelly lonesome poor Cowboy!
Dirty Cowboy!
Asshole Cowboy!!!
Dirty asshole Cowboy, yeah!
You lonesome poor, dirty, smelly, silly, terrible, angry and stupid and really fucking asshole Cowboy! ...yeah...!

Das war das Verständnis!

Uuuund... ...Liebe!!!
(ganz betroffen traurig aussprechen:)
Liebe ist das Brot der Armen! Und der Ruin der Reichen!

(extrem bestätigende Köpfe nicken)
(Taschentuch ziehen und reinschnaufen)
(flennend aussprechend:)
„möcht ich lieber arm sein, hat der lonesome poor Cowboy wenigstens Brot...“
Alle zusammen – tanzt das Brot...

Schöndankjetzhabtasgeschafft!

Habttasgeschafftdssichnntraurigesliedspi elnmuhs!!!

Lieder sind Gefühle...

Version zwei:
„Ich saß in diesem Zug, in diesem Regionalexpress. Kurz vor Düsseldorf kam eine Baustelle auf uns zu. Bedeutete, die Gleise wurden durch schmale Holzbretter ersetzt, auf denen der tonnenschwere Kollos weiterfahren sollte.
Es gab ein riesiges Gerumpel, als der Zug auf das Holz fuhr.
Todesängste schwitzten wir Fahrgäste aus.

Jeden Augenblick konnte der Zug aus den Ersatzgleisen springen und uns alle umbringen!

Besonders bedrohlich schwankte der Regionalexpress, als wir am Ende der Ausbaustrecke eine kleine Schanze aus Holz sehen konnten.

Diese sollte dazu dienen, dem Zug den nötigen Schwung zu verleihen, um wieder auf die richtigen Schienen zu springen.

Das konnte nur unser Todesurteil sein, dachten wir.

Doch was war das? Neben der kleinen Schanze stand auch noch ein großer Schanze, mit einem Mikrofon in der Hand und er sprach:

„Eins, zwei oder drei, letzte Chance vorbei…, ob ihr wirklich richtig steht, seht ihr, wenn das Licht angeht!"

Der Zug erreichte die kleine Schanze, sprang in die Luft, das Signal schaltete auf grün, er knallte laut auf die richtige Spur und fuhr einfach weiter, so als wäre nichts geschehen.

Das Sportsignal übrigens, war hier weit und breit nicht zu sehen.

Hallelujah, wir – die Fahrgäste, jubelten und freuten sich, überlebt zu haben.

Sofort gab es eine riesige Party im Zug. Es wurde gefeiert, getanzt, getrunken und gelacht!

Wir schunkelten gemeinsam. Was wir nicht hätten tun dürfen.

Denn so begab es sich, dass auch der Zug ins schwanken geriet. Er entgleiste, schplatatterte durch die Wildnis, stürzte eine Böschung herab und riss uns alle in den Tod.

Ja – das stimmt, dafür gibt es auch folgenden Beweis:

Als das Monster aus Stahl zum liegen kam, stiegen wir nämlich alle aus und vor uns stand ein Mann mit langem, goldenem Haar und einer Gitarre in der Hand.

Hinter ihm standen ein CD-Spieler und ein Engelschor aus Kindern. Daraufhin sangen sie zusammen für uns ein Lied:

„Es fährt ein Zug, ins Nirgendwo, mit Euch allein als Passagier…"

Plötzlich verstummte er, der Strom war weg. Er hatte doch tatsächlich Vollplayback gesungen.

So ein Betrüger!!!

Auslöser für diesen Stromausfall war nämlich der böse Wolf, der aus versehen in das Kabel gebissen hat, welches etwa

fünf Kilometer lang war und bei
Campino von den roten Rosen zuhause
in der Steckdose steckte.
Der Wolf sah aus wie ein grüner Drache.
Er sprach:
„Ich will Dir fressen!"
Der goldene Mann sagte:
„Das heißt: Ich will Dich fressen!"
Der Wolf sagte:
„Ist mich doch egal!"

Ein Förster kam und erschoss beide.

Wir applaudierten begeistert und gingen
alle nach Hause. Hier gab es nichts mehr
zu sehen!
So war es wirklich!

Er war nicht nur dumm, sondern
manchmal auch penetrant asozial.
So stand er manchmal auf der
Fensterbank und pinkelte heraus!
So ein dreckiges Schwein!
Ekelhaft.
Da lob ich mir den Lostinio, der macht
so was nämlich nicht!
Denn der ist sehr diszipliniert und sehr
intellektuell.

Das kann er mit Fug und Recht von sich behaupten.

Und jeder, der ihn kennt, muss diese Aussage bestätigen, sonst gibt es Schläge!!!

Und zwar von… öhm… von Hulk! Jawohl, von Hulk, und das tut weh!

Sie werden in diesem Buch einige Parallelen zu meinem nächsten Buch finden.

Zum Beispiel folgende:
„Er betrat sein Büro und sagte das habe er auf dem Dachboden gefunden. Dann donnerte er ihm eine Handgranate auf den Tisch!"

Nur, damit Sie schon mal bescheid wissen. Lob und Anerkennung können Sie im Übrigen auf folgender ausgesprochen sehr guten Internet-Seite loswerden:

www.mariolostinio.de.tl

und alles was nicht unter der Kategorie Lob und Anerkennung fällt behalten Sie bitte für sich. Danke!

Schließlich haben Sie sich dieses Buch selbst gekauft, oder Sie haben es geschenkt bekommen, oder irgendwo ausgeliehen!

Also bitte, Sie können es gar nicht kritisieren.

Ach ja, Danke für Ihr Geld, das kann ich nämlich sehr gut gebrauchen.
Sagen wir mal zum Beispiel für einen neuen Benz, oder für ein neues Haus.
Vielleicht auch für ein paar Nutten.

Jedenfalls kann ich mir damit ein schönes Leben gestalten.

Denken Sie nun bitte nicht so Dinge wie „So ein arrogantes Arschloch", denn: Jeder Autor denkt so!!!

 Das kann ich Ihnen versichern.
Niemand schreibt ein Buch und will nichts dabei verdienen.
Etwas Luxus ergaunern quasi.
Glauben Sie mir, das ist wirklich so.
Die meisten Autoren trauen sich nur nicht, das auch mal auszusprechen.
Ich schon, weil ich ehrlich bin.

Und: Ehrlich währt am längsten!!!
Danke, dass Sie mir zugehört haben.
Sie haben nun mal das Recht, die
Wahrheit zu erfahren.

Im nächsten Kapitel werde ich erläutern,
wie diese Phantasie-Figur, die meinem
kranken Hirn entsprungen ist, versucht,
die Weltherrschaft an sich zu reissen.
Und glauben Sie mir: Schorsch dabbelju
Busch ist der kleinere Terrorist in
diesem Vergleich, auch wenn unser
Fettwanzt von Politik null Ahnung hat.

 Das hat der gute Busch aber auch nicht,
offensichtlich!

Selbstverständlich kann diese Aussage
nicht als meine persönliche Meinung
dargestellt werden. Obwohl…

Kapitel 2: Die Weltherrschaft!

Kennen Sie auch diese Menschen, die immer blöde Sprüche abgeben? „Nicht schlimm, Jim!" „Egal, Karl!" oder vielleicht sogar „Später, Peter!" und dabei spielt es überhaupt keine Rolle, wie deren Gegenüber tatsächlich mit Vornamen heisst. Grauenhaft!!!
Eines Morgens wurde er wach und dachte.

Das war schon etwas besonderes, denn das geschah nicht jeden Morgen, wenn er wach wurde.

Meistens war es so, dass er nicht mal wusste, dass er immer noch vegetiert. Stinkend ging er dann meistens zum Kühlschrank und nahm sich eine Bockwurst aus dem Glas. Wenn das Glas leer war, trank er das Wurstwasser. Dabei gluckste er immer. Doch an diesem besagten Morgen war alles anders.

Sein Plan war so einfach wie simpel.

Oh ja! Er hatte es geträumt und konnte sich an diesen Traum erinnern:

„Ich übernehme die Weltherrschaft!"

Das ist alles. Die Formel für den Erfolg. Vollidiot!!! Tja…

(Der Autor spielt jetzt mal kurz eine Runde Solitär! Daher geht es erst gleich weiter!)

(So, er ist wieder da und setzt dort an, wo er vorhin aufgehört hat!)

(Verloren.)

„Washington muss das Ziel sein"
kam ihm der Geistesblitz
„und danach Moskau!"

Erst der Busch, dann der russische Präsident. Wer auch immer das sein mag.

Aber halt, wer ist denn die mächtigste Frau der Welt? Richtig!

Also fangen wir in Berlin an. Doch wie kommt man von Düsseldorf nach Berlin?

Er ist jetzt natürlich Düsseldorfer, weil er sich in diesem Kapitel extrem bescheuert anstellt.

Per Anhalter. Ja, das wäre schon geklärt. Den Daumen in den Wind und auf geht es. So plante er seinen ersten Schritt zur Erlangung der Weltherrschaft in seinem Kinderzimmer.

Nein, er hatte keine Kinder, es war sein eigenes.

Auf diese Idee, so sah es jedenfalls aus, rammelte er wie ein Kaninchen.

Das Endprodukt hat ihm sehr gut geschmeckt. Hauptsache Essen!

Schritt zwei des Planes war:

Die Entführung.

Er müsse nur in den Bundestag eindringen und die SPD fragen, ob er die Alte entführen darf. Sicherlich würde die SPD „Yo!" sagen. Logisch eigentlich, die wollen doch auch eigentlich nur einen Zigarrerauchenden Dauergrinser

an der Macht haben. Und Zigarre
rauchen das konnte unser Fettsack ja.
Sie wissen, die Zigarre…!
Lecker!
Grinsen konnte er ja auch ganz gut. Es
lief wie beschmiert. Das war er auch!
Vor allem unter der Vorhaut!!!
Ungepflegt, ne!?!?!?
Gut, die Alte war erledigt. Sinnvoller
Weise sollte man sich dann natürlich von
Berlin aus, auf den Weg nach Moskau
machen.
In den Kreml kommt man ja relativ
leicht rein, das hatte er zumindest mal
gehört. Wenn man Beziehungen hat.
Aber es konnte ja auch eigentlich nicht
schwer sein. Wenn man einmal drin ist,
dann wird der Rest Formsache sein.
Am einfachsten wird es sein, den
russischen Präsidenten in denselben
Sack rein zu tun, indem ja schon die Alte
aus Berlin drin ist. Die verstehen sich eh
ganz gut. So hatte er jedenfalls mal
gehört. Gehört hatte er übrigens schon ne
ganze Menge in seinem verkorksten
Leben. Aber gut, wenn er etwas nicht
sehen wollte, hat er einfach nicht
hingesehen, doch wenn er etwas nicht
hören wollte, na ja… Typisch!

Sicherlich gibt es Direktflüge von Moskau zum Busch. Aber das kann man ja auch vor Ort abchecken. Am Flughafen von Moskau.
Wenn er sein Diebesgut nur gut genug verpflegt, dann würden sie bestimmt keine Fluchtversuche unternehmen, und wenn doch, dann hätte er aber mal gezeigt, wo der Hammer hängt. Beiden! Das ist halt der Vorteil, wenn man alles geil findet.
Okey, weiter im Kopf: In Washington müsste man nur mal kurz warten, bis der Busch mal rauskommt. Das macht er ja sowieso. Zum Beispiel, wenn er Hunger hätte und mal kurz zum Burger-King geht, oder zu Aldi. Je nach dem, worauf er Hunger hat.
Denkfehler???
Mit Verlaub… Wie kommen Sie darauf? Also bitte! Gut, beim Essen gehen holen schnappt er sich den Busch.
Die größte Frage, die sich ihm nun stellte war:
„Verstecke ich mich vorher in einem Busch, oder nachher im Busch? Zumindest meine Fleischpeitsche?“
Aber das kann er ja spontan entscheiden, wenn es gerade soweit ist.

Dann würde er sich ein Kamerateam vom WDR oder vielleicht sogar von ARD bestellen und live verkünden, dass er nun der Herrscher der Welt ist.
Toller Plan!

Wir fassen zusammen:
1. Per Anhalter nach Berlin.
2. Die Alte klauen.
3. Irgendwie nach Moskau.
4. Den russischen Präsident auch in den Sack fassen, ehm packen.
5. Nach Washington fliegen.
6. Den Busch beim Essen kaufen klauen.
7. Kamerateam dahin bestellen.
8. Den Weltherrscher bekannt geben.
Ein Superplan!!! Respekt!
Dieser Plan ist wahrlich ein Hammer! Wenn das auch so klappt… Sie werden es sehen…!
Dann kam ihm die Idee, die Geldbörsen seiner Opfer auszurauben! Dann hätte er sogar Geld.
Sein Plan erweiterte sich um zwei Punkte: Die Geldbörse von der Alten, die Geldbörse vom russischen Präsidenten. Klasse!
Sein Plan war nun ein 10-Punkte-Plan!
Das waren doch richtig krasse, ideale

Vorraussetzungen für seinen Feldbusch.
Wieder rammelte er wie ein Kaninchen!
Widerlich!!! Es spritzte durch den ganzen Raum.
Perverses Mistschwein! Drecksau! Arschloch! Penner! Jopp, läuft!!!
Das musste ja mal gesagt werden!
Oder sehen Sie das etwa anders?
Er ist und bleibt ein dreckiges, ööhm… Schwein!!!
Und nicht vergessen, er stinkt sogar! Nur damit Sie es nicht vergessen! Bäh!
Aber nun ging es an das Eingemachte!
Es hat ihm wirklich gut geschmeckt. Zum Glück leidete er nicht unter Bulimie oder so ne Scheiße! Das wäre ja echt zum kotzen!
Dann säße er da und litt da. Das hätte er wahrlich verdient! Nicht verdient natürlich! Dieser Spinner! Echt mal! Ist doch wahr. 10-Punkte-Plan! Ha!!!
Wenn man ihn notschlachten würde, dann hätte ein ganzes Dorf genügend Fleisch für drei Personen!
Damit können Sie jetzt um die Ecke rennen und es an einen Einbeinigen weitererzählen! Ne, um die Ecke rennen und vor die Wand… Ne, auch nicht! Dann weiss ich es nicht!

Tut ja auch nichts zur Sache!
Ding! Ich versteck den Ehering!
Also nur symbolisch dargestellt! Hä???
Ja!!! Da schauen Sie, ne!?

Dieses Buch ist klein, sehr kompakt, damit Sie es bequem mit sich tragen können und gegebenenfalls anderen Menschen daraus berichten können. Aber vergessen Sie nicht, Ihrem Gegenüber die ISBN mitzugeben, damit dieser Mensch es sich später selbst kaufen kann!
Herzlichen Dank!!!
Sie wissen, Ihr Geld!
Und dann auch sein Geld!
Danke!!!
Leider kann ich Ihnen in einem solchen Fall keine Provision für die Vermittlung zukommen lassen.
Fühlen Sie sich gerade persönlich von mir angesprochen? Ja? Na dann mache ich ja alles richtig! Wenn „Nein", dann tun Sie einfach so als ob! Danke! Ständig bedanke ich mich bei Ihnen. Zu Recht! Warum? Na ja, ja Sie wissen schon! Dankeschön!
Weiter mit dem Plan zur Übernehmung der absoluten Weltherrschaft!

Wenn ich schon jetzt erwähnen würde, dass es ihm ohnehin nicht gelang, die Weltherrschaft an sich zu reißen, dann wäre das ziemlich gemein. Also lass ich das mal besser bleiben!

Anderenfalls würde es sich sowieso nicht lohnen, in diesem Kapitel weiter zu lesen.

Deshalb: „Bleiben Sie gespannt! Es wird Sie garantiert überraschen!"

Ein tuntiger LKW-Fahrer hielt an und ließ ihn einsteigen. Auf Anhieb fühlte sich unsere fiktive Person wohl. Er überlegte sich, aufgrund des Wortes „fiktiv", wie tief man eigentlich ficken kann.

Ist doch logisch: Zwölf Meter! Wenn Mann es ausrollt! Am meisten tut es weh, wenn man unvorbereitet in den Mastdarm eindringt. Aber dann geht es und es fühlt sich auch schön an. Und wie gesagt, wenn man ihn ausrollt: Zwölf Meter!!! Der Darm!

Das geht sogar bei Frauen! Tolle Sache! Und wie es der Zufall wollte, es gab Verkehr auf der Fahrt nach Berlin! Verstehen Sie? Verkehr!!! Überall! An

jeder erdenklichen Stelle! Nur nicht auf der Autobahn! Hahaha!
Die alten Säue! Muss aber wohl Spaß gemacht haben, sonst wäre es nicht so oft passiert. Wenn die sich gut dabei gefühlt haben, dann sei es ihnen gegönnt! Aber mal ehrlich, es gibt ja viele wirklich erotische Männer, bei denen man bisexuell werden könnte! Zum Beispiel Marine-Soldaten! Und bei Marine-Soldatinnen kann man sogar heterosexuell werden! Ist wirklich wahr! Oder denken Sie, ich denke mir so was aus?

(„Dich kriege ich noch!" dachte ich, als ich an Ihrer Tür vorbeiging! Und damit meinte ich nicht die, die dabei nicht gefesselt dabei wäre und auch nicht die, die sich selbst „Geile Fickstute" nennt!!! Die hatte ich schon!)

Der Trucker und unser Fetti jedenfalls fickten, was das Zeug hält. Bis Berlin! Dann sangen sie zusammen „Freiheit ist ein Abenteuer" vom Gunter. Der Gabriel! Gunter Gabriel! Der Arme! Kann sein, dass er bald stirbt!

Dann werde ich ein Album Aufnehmen mit dem Titel „Tribute to Gabriel"! Darauf gebe ich hiermit Brief und Siegel!!!
Und das hat nichts mit Ralf zu tun. Weder Paulsen noch Siegel!
Gunter war, ist und bleibt ein Ausnahmekünstler in der deutschen Musikszene!
Knutschend verabschiedeten sich die beiden voneinander vorm Reichstag!
Mit Tränen in den Augen wankten sie sich noch ein letztes Mal zu, als der Trucker weiterfuhr.
Das Poppen war so schön, dass beide es vermissen würden werden würden Punkt!

(Der Autor, also ich, hat gerade über den MediaPlayer den Wendler reingelegt! Nicht im Sinne von reingelegt, sondern eher im Sinne von angemacht! Sie liebt den Deejay!!! Der Wendler, der Michael, der ist nämlich nicht so ein Typ, wie der Trucker oder der Fetti. Der Wendler ist echt! Der ist so wie er wirklich ist! So wie der Gabriel! So wie ich!)

Vor diesem riesigen Gebäude, welches ausschließlich auf Kosten des Steuerzahlers gebaut wurde stand er nun, der dicke Mann. Ohne Plan!
Ups, eigentlich mit Plan aber den hatte er in momento einfach nur vergessen. Wieder mal: „Vollidiot!"
Selbst in der Apres-Ski-Version fiel ihm das Ding einfach nicht mehr ein. Nicht mal mit Harald Juhnke konnte er jetzt trinken gehen, denn dafür war er definitiv zu spät hier. Vollidiot!
Na ja – Männer halt! Na ja – Frauen halt! Wussten Sie eigentlich, dass es eine „Gleichstellungsbeauftragte" gibt, aber niemals in der Tat wirklich, echt einen „Gleichstellungsbeauftragten"???
Da ja, ja, ja, da schauen Sie! Die „Gleichstellungsbeauftragte", die wird ausschließlich von Frauen gewählt und ist für die Sorgen, Nöte und Probleme der Männer und Frauen verantwortlich! Jedenfalls in der Sachbearbeitung. Und raten Sie mal, was Priorität hat! Richtig! Die Frauen!
Können Sie dieses Konzept verstehen? Gut! Ich auch nicht!
Dann sind wir uns ja einig!

Nach dem siebten Bier kann man den Gedanken freien Lauf lassen ohne sich später sagen zu müssen „Bor ey!“
Sein Herz blutete vor Sehnsucht nach dem Trucker und formte sich zu einer extra großen Frikadelle.
Lecker sah sie aus und schmeckte wahrscheinlich ganz gut. Das wusste man aber nicht so ganz genau, weil kein Berliner auf dieser Welt sie probiert hatte.
Dafür aß er allerdings einen Berliner, den er geklaut hatte.
Also: Frikadelle frisst Berliner, aber Berliner frisst nicht Frikadelle!
Das für das Buch der Gedanken. Nur als Nachschlag! Bitteschön! Bedankt!

(War jetzt gerade in eigener Sache! Wegen meines Buches „Lostinio`s Trosmalaja“!)
(Bitte kaufen!)
(Danke!)
(Sie wissen, Ihr Geld in meinem Portomonaie! Schankedön!!!)

Ihr seid geil! Wenn Sie der Meinung sind, dass ich ab und an vom Thema abkomme, dann haben Sie Recht! Ob das

so sein soll oder nicht, überlasse ich
Ihnen. Ich bin ja immerhin Ihr Gastgeber
in diesem Buch!
Welcher Autor fragt schon mal etwas
seine Leser? Welcher Autor lässt seinen
Leser schon deren Meinung kundtun
lassen? Ich!
Sie können mich nun bewundern oder
auch sagen „Das ist ein Toller!!!"
Bin ich ja auch! Jedenfalls meiner
Meinung nach. Ne!? Gut, was soll man
sagen…?
Die Alte in den Sack zu stecken war
letzten Endes gar nicht so leicht wie
geplant. Die war erstens unförmig und
zweitens extrem schwer. Außerdem hatte
sie eine gewisse Ähnlichkeit mit dem
Trucker. Das machte die Sache sogar
noch schwerer, als sie ohnehin schon
allein war.
Jetzt bewegen wir uns in einem Bereich,
in dem man schon von Pfund anstelle
von Kilo spricht, weil das dann
freundlicher klingt.
Hundertfünfzig Pfund klingt doch besser
als hundertfünfzig Kilo! Oder???
Rechne, rechne, rechne…!
Ja! Klingt wirklich freundlicher!!! Cool!
Wissensebescheid, ne!?!?!?!?

Wenn Sie wissen sollten, von welchem Künstler und aus welchem Titel folgende Zeile ist, können Sie eines von zehn Treffen mit dem Autor dieses Buches gewinnen:
„…und trifft nicht mal ne Dose".
Alle Lösungsideen bitte per E-Mail an:
contact@lostinio.de
senden. Danke!
Gesetz dem Fall, die Gewinnerin sollte auch noch weiblich sein und extrem gut aussehend dazu, so hat sie ebenso die Chance auf einen Gratisfick beim Treffen mit dem Autor, sofern sie es wünscht.

Jedenfalls war es schwieriger als gedacht, erstens die Alte zu kriegen und zweitens von hier aus nach Moskau zu gelangen!!! Okey, Notfalls kann man die Alte ja hier lassen und auf sie im Sack verzichten. Dann bliebe lediglich dieses Problem nach Moskau zu kommen. Vielleicht wieder per Anhalter, Nonstop Berlin – Moskau.
Nein! Diese Möglichkeit wollte sich einfach nicht ergeben.
Aber Berlin – Warschau! Yo – läuft!
So machenwadas!

Und ab Warschau ist es bestimmt nur noch ein Katzensprung bis Moskau! Endet ja schon beides mit „au“ Superpraktisch! Müsste ja eigentlich funktionieren! Ne?
Bitte sehen Sie folgendes dem kleinen, lieben Autor nach: Rechtschreibfehler!!! Als würde er sich selbst unter seinen eigenen Schatten begeben… ha!
Ist alles ganz genau so gewollt!
Man könnte das Gefühl erlangen, er hätte Minderwertigkeitskomplexe! Gut gemacht von ihm! Clever! Guter Mann!!! Ach ja, wenn ständig der Computer ausgeht, weil er zu heiß läuft, dann ist ein Buch schreiben wirklich sehr schwere Arbeit! Und bei diesem Laptop ist es in der Tat der Fall!
Also bitte haben Sie Mitleid! Es fällt nämlich schwer, nach jedem Satz wieder zu speichern, nur um sicher zu gehen, dass jeder Gedanke festgehalten wurde!
Wie der Zufall es wollte, stand er nach vierzehn Tagen „Urlaub im schönen Berlin-Neukölln“ wieder an der Autobahn, mit einer drückenden Gitarre im Gepäck und hielt mal wieder den Daumen in den Wind.

Wer hielt??? Richtig! Sein Trucker! Und wo musste er hin?

Falsch!!! Nicht nach Warschau! Und nicht nach Moskau!

Nein, er musste seine Fracht abliefern in Stalingrath!

Discover a new world of taste! Einhundertfünfundsiebzig Gramm für bis zu zweihundertdreißig Stück!

Kostet vierzehn Euro und fünfzig Cent! Stand heute!

Loch im Papier versaut die gesamte Rechnung! Stalingrath, da war er nun.

Schon wieder nur noch ein Katzensprung bis er in Moskau aufschlagen würde.

Um ehrlich zu sein…: Hatte er sich die Alte geschnappt?

Wenn er selbst das nicht geschafft haben sollte, könnte er sich dann so mir nichts, Dir nichts einfach in den Kreml eindringen und den russischen Präsidenten klauen???

Ich vermute einfach mal, dass ihm das nicht gelungen sein worde.

Hier finden Sie Hilfe, wenn Sie das Rauchen endlich mal aufgeben möchten: Bundeszentrale für gesundheitliche Aufklärung (BZgA) Telefon: 01805 – 313131, www.rauchfrei-info.de…

Rauchen fügt Ihnen und den Menschen in Ihrer Umgebung erheblichen Schaden zu!
Rauchen kann tödlich sein!
Auf der Straße hinfallen und mit dem Schädel auf dem Bürgersteigrand knallen auch!
Knallen auch!
Wenn Ihr Gegenüber eine gravierende Geschlechtskrankheit besitzt vielleicht!
Dagegen hilft nur: „Alleine machen!"
Dann sind Sie auf der sicheren Seite!
Meistens jedenfalls!!!
Ab und an hatte er überlegt, womit man mehr Geld verdienen könnte:
Mit - ja genau, der Weltherrschaft oder vielleicht mit einem BWS vor einer M in MES… Oder vielleicht mit einem EWKBS in FB…
Oder vielleicht sogar mit öhm…
HoltadiPolter, der Bass pumpt bis Oberwolta,
Herr aus universellen prinzipiellen Tagen, Für einige Leben denken Wunderheiler etwas besser, etwas liebevoller!
Papa oder Luise, tankt – es reicht!!!
Na, begriffen???
Lalalalala… Ha! Danke, Steff!

Kann sein, dass ich demnächst Visitenkarten Deines Ex-Dingens über zerstörte Klatschmohnfelder verteile! You know! Und dann springste raus aus dem Flieger!
Herzliche Grüße aus dem sonnigen Köln am Rhein!!! Lostinio!!!
ÄM eingegeben! Glückwunsch noch mal! Du warst nen richtig Guter!
Der Guter, deshalb GROß geschrieben! Grammatikalisch korrekt! Danke! Bitte!

Er war kurz in Berndorff und da war es verdammt irre! Also – in seinem Kopf!!! Ich bin im goldenen Käfig versteckt! Sicher Bernie, sicher…!
Dö mille et zang diss oder so, tubes a cigarettes king size avec filtre…!

Kommt nicht von hier, aber das war ihm egal. In Stalingrath war es einfach nur wichtig rauchen zu können, auch wenn der Arbeitgeber der Schwager war! Seit einem Jahr sogar!
Aufgehört zu denken, wieder damit angefangen! Daumen hoch, Schwanz raus, läuft!

Ein etwa hundertneun Jahre alter Camper nahm ihn mit! Bis nach Moskau! Bis zum Kreml!
Ein bisschen poppen unterwegs, ein bisschen BlasiHasi spielen – läuft!!!
Schon ist man am Ziel!
Hat aber auch lecker geschmeckt! Jedenfalls am morgen!
Das kennen einige von Ihnen sicherlich aus eigener Erfahrung!
Manchmal schmeckt es sogar abends! Aber dann nicht dick sondern sogar so richtig dünn – flüssig - flow!
Gell!?!?!?
Haha! Sie wissen was ich meine, ne!? Er war kurz in Berndorff und da war es verdammt irre! Also in seinem Kopf. Bähm! Nicht nur dick sondern auch richtig dünn – flüssig – flow… Waddemawaddemawaddema, jetzt hab ich auch ein „deja vu"!
„Alles sehr vorbildlich!" sagte Bernie! Bernie wusste nicht, wie er aus Berndorff plötzlich nach Stalingrath kam!
Das lag aber nicht an ihm, sondern an dem Butterblümchen! Das Alte, das Gude!
Das, das mein Bettzeug überzog!

Theo Lingen hatte niemals Ähnlichkeit
mit mir! Aber Bernie!
Jedenfalls gedanklich!
Er war halt anders! So wie Stalingrath
und ich, nur damit wir wieder beim
Thema wären!
Wenn es theoretisch möglich gewesen
wäre, hätte dieses Buch einen Vibrator
innen drinnen eingebaut!
Für die Frauen!
Und ein Loch in der Mitte für die
Männer! Für die Männer!
Bernie nickte und unterschrieb
gedanklich diese Aussage!
Hä??? Öhm, ne!
Bernie halt! Der Alte! Und nicht der
Derrick! Harre, fahr schon mal den
Wagen vor!
Nicht der Bernie, sondern der andere,
und das betone ich mit Nachdruck!

Der Typ hat es geschafft, diese ohnehin
angeknackste Abteilung sowohl intern
als auch extern kaputt zu machen!!!
Liebe Leute bitte merken Sie sich eines
für alle Male:
Gegen einen geringen Obolus können
Sie Ihren Namen ändern lassen!
Zumindest den Nachnamen!

Merken Sie sich das bitte! Vertrauen Sie Niemandem!!!
Sie könnten rein theoretisch bei Ihrem Einwohnermeldeamt gegen einen kleinen Betrag in die Hosentasche eines Beamten garantiert aufgrund vorgegaukelter „besonderen" Gründe, einen neuen Nachnamen erwerben!
Zum Beispiel, wenn Ihr Nachname doof klingt!
Ist wirklich wahr, aber sagen Sie das bitte nicht unseren Kameraden oder unserer Kanzlerin! Danke!!!

Bass-Modul: 046 m6 4!

Gut! Sogar bis in den Keller! Der hat sich Gewohnheiten angewöhnt! Der Bernie!
Das überlege ich mir allerdings noch einmal, nach seiner persönlichen Beratung!
Modul: Bassdrum noch nicht festgestellt!

Der Kreml erschien majestätisch, mit dem roten Gold und den vielen beeindruckenden Türmen. Irgendwo da drin musste er sein: Der russische Präsident!

Vorsichtshalber öffnete er schon mal den Sack, in dem die Kanzlerin sein sollte, was ja nicht der Fall war.

Das machte die Sache in diesem Augenblick erheblich einfacher! Vor allem leichter.

Anklopfen, rein gehen, den Sack über den Präsidenten stülpen, verknoten und auf dem Rücken geschnallt wieder rausgehen!

Geldbörse klauen nicht vergessen, denn ohne Geld kein Flug nach Washington. Aber befindet man sich nicht in einem strafbaren Bereich, wenn man Geld klaut?

Hm…. – er überlegte.

Er könnte ein schlechtes Gewissen bekommen, wenn er eine Geldbörse klaut und das Geld daraus auch noch ganz bewusst ausgibt. Nein, das konnte er nicht machen.

Er müsste irgendwie selbst Geld verdienen, bevor er hier weiter macht. Prostitution zum Beispiel bringt viel Geld. Aber wie soll man den Russen klar machen, dass man eine käufliche Nutte

ist, wenn man kein Russisch sprechen kann?
Da käme nur noch Plan B in Frage:
Geld klauen!
Oder besser noch, die Kollekte in einer Kirche leer räumen!
Obwohl das ja wieder mit schlechtem Gewissen zu tun hat.
So wie so, es war gerade auch keine Messe.
Dann halt Geld ausleihen. Vielleicht beim Sozialamt. Etwas Hartz IV empfangen und versprechen, dass er es später wieder zurückgeben würde. Rein pro forma natürlich nur…
Aber es war weit und breit keine Bundesagentur für Arbeit zu finden.
Kein Geld, keine Entführung!
Keine Entführung, kein Flug!
Kein Flug! Kein Plan!

Richtig, eigentlich hatte er nun keinen Plan mehr.
Als er dann auch noch in einem Fernseher eines hochwertigen russischen Elektrofachhandels sehen musste, dass der russische Präsident bereits mit der Alten beim Busch in Washington war, ist ihm alles klar geworden!

Vor lauter Angst haben die einfach freiwillig das gemacht, was er über Jahre hinweg geplant hatte.

„Dann hat sich das ja von selbst erledigt!" dachte er stolz und rub sich feierlich die Hände.

Er fühlte sich bestätigt und stolzierte ein wenig, gehobenen Hauptes durch Moskau. Dann ging es über Stalingrath, Warschau und Dessau zurück nach Hause in Düsseldorf.

Dort trank er bis zur Besinnungslosigkeit Altbier und Kölsch.

Danach kotzte er über den Tresen in der Kneipe.

Er flog raus, schlief auf dem Asphalt mit einem extremen Kotzegeschmack im Hals und einer ebenso extremen Altbierfahne ein.

Leider kam ein so genanntes „Sauber-Auto" vorbei, Sie wissen, die kleinen Süßen mit dem Besen vorne dran.

Das fegte ihn weg. In den Kofferraum, quasi. Etwas später hat man ihn da auch wieder raus gelassen! Auf einem Haufen Müll. Auf einem Fließband.

Leicht benommen mit einem Kopf so schwer wie ein Rathaus spazierte er vom

Band herab und ging endgültig nach Hause.

Geh doch zu Hause, Du alte Scheiße von Arsch!!!

Dort legte er sich zum sterben bereit in sein Bett. Aber er starb nicht, nur um das gleich zu klären. Dumm!

Er schlief friedlich ein, schlummerte für viele Stunden in den Federn und in seinen Träumen, bis er am nächsten Nachmittag wieder auferstand.

Er dachte noch mal über sein Abenteuer nach und beschloss, dass er eigentlich gesiegt hatte und den mächtigsten Menschen dieser Welt bewiesen hat, dass er selbst mindestens genau so mächtig ist!!!

Dessau ist eine schöne Stadt. Immer eine Reise wert. Urlaub in Dessau, darüber könnte man mal nachdenken! Dann ist er aus seinem Traum erwacht und tat das, was er für gewöhnlich morgens immer tat: Nicht denken! Also konnte er sich auch nicht an das gerade erlebte erinnern! Er machte sein Geschäft, stand auf und ging zur Toilette!

Kapitel 3: Der neue Beruf!!!

Schon seit Jahren träumte er davon endlich wieder einen neuen Beruf zu haben.
Nachdem er dreißig Jahre lang nur zu Hause rumgegammelt hatte, wurde es Zeit mal wieder seinen Arsch zu bewegen!

Diese Idee kam ihm übrigens in Moskau, als er dort nach der Arge suchte.

Hier gab es Diese sicherlich.

Er wusste sogar wo. Nämlich in der Nähe vom Hauptbahnhof. Dort wo leichte Damen ebenso einen sehr angenehmen Job ausübten.

Also ging er zur Bushaltestelle und fuhr mit der Linie 23 dahin. Erstmal zu den Damen, aber da lief nichts. Dafür hätte er nämlich, ja, er hätte Gelde verdienen müssen, um es dann hier wieder ausgeben zu können.

In diesem Gewerbe.

Möglicherweise hatte die freundliche Dame, die ihm beim Arbeitsamt beraten würde, eine Stelle als Doktor frei.

Die würde er nehmen, immerhin könne er dann spät anfangen zu arbeiten aber dafür wieder früh aufhören.

Seine Pension wäre auch gesichert. Und viel Geld würde er verdienen.

Zu Recht, natürlich!

Immerhin wollte er ja heute arbeiten gehen.

Aber er merkte schnell, dass schon eine Busfahrt sehr anstrengend sein konnte.

Das war es, was ihm jahrelang fehlte:

Stress! Das machte ihm spaß! Gestresst sein! Ein schöner Beruf!

So was in dieser Richtung wollte er vorschlagen, wenn er erstmal seine Beraterin vor sich sitzen hat.

„Hoffentlich ist sie hübsch" dachte er „und willig!"

Und hoffentlich steht sie auf furchtbar schwere Menschen, so wie er einer ist. Das war erstmal das wichtigste.

Alles andere wäre nur sekundär von Bedeutung!

Etwas ficken vielleicht, in der schönen Amtsstube, das würde ihm gut gefallen. Der Augenblick der Wahrheit kam näher. Er klopfte an der Tür zum Büro seiner Neuen!

Hoffte er jedenfalls.

Klopf, klopf!

„Nein – jetzt nicht!" schrie es hinter der Tür hervor!

„Oh, Schön!" dachte er sich und geduldete sich vor dem Holzbrett.

Die Tür öffnete sich.

„Habense ne Nummer gezogen?" fragte eine etwa sechzig Jahre alte, runzelige Oma mit grauem Haar und faltigem Gesicht. Fett und dick und Pickel im

Gesicht, Gicht an den Fingern, Wasser in den Beinen.

Eine fiese Stimme hatte sie und roch nach alten Menschen.

„Nein, eine Nummer habe ich nicht gezogen!"

„Tja, dann ziehense ma ne Nummer! Sie sind dann dran, wenn Ihre Nummer da oben steht!"

Da oben?

Oh Gott, jetzt wurde ihm auch klar, warum noch so viele andere Menschen hier auf diesem Flur herumlungerten! Die hatten nämlich alle eine Nummer. Und er hatte die letzte.

Er war halt unsagbar bescheuert und daran sollte sich auch heute nichts ändern.

„Wenn ich pinkeln muss, ist dann meine Nummer weg?" dachte er und beschloss heimlich zu pinkeln. Im Flur!

Würde schon keiner merken, hier richt es eh komisch!

Dialog 3:
"Nichts ist so groß wie die Sehnsucht!"
„Die Sehnsucht nach was???"
„Nach Albin!!!"

„Wie bitte? Das sagst Du mir erst danach?!“
„Na ja – es gibt halt einige Dinge, die man erst danach erfährt!“
„Dann haben wir ganz umsonst gefickt?“
„Ach quatsch – nur kostenlos!!!“
Dialog 3 Ende.

Danke – Bitte!!!
Und dass fing schon im Büro an!
Aber das will ja mal wieder keiner glauben, wenn man es erzählen würde!
Aber es würde keinen interessieren!!! Wahrscheinlich!
Ausser, wenn einer neidisch wird!
Aber auch dass ist unwahrscheinlich, weil niemand ihnen glauben würde!!!
Die beiden geilen Schnitten! Ja, ja!!!
Die eine dicke Titten, die andere nen riesigen Schwanz! Ach ne, nen riesigen Kitzler!!! Sonst wäre der Kitzler ja nicht mehr feminin!!!
Okey, der Kitzler!!! Feminin!? Machen Sie sich doch bitte Ihr eigenes Bild!!! Es soll ja Kitzler geben, die so riesig werden können, dass Sie in einer Besprechung den Stuhl des Gegenübers wegschieben können! Verstehen Sie???

Total bescheuerte Frage; total bescheuerte Antwort!
Ne!?!?!? Richtig!!!
Vollidiot! So! Jawohl!!!
Jetzt gerade musste er das WC wirklich besuchen! Seine Nummer war weg! Er musste eine neue Nummer ziehen!!!
Hätte er mal doch in den Flur gepinkelt!
So ein Dummerchen!!!
Aber Hallo!!!
Der Betreuungsraum ist kein Verfügungsraum!
Aber der Verfügungsraum ist einer!!!
Einhundert Jahre wurde sie alt, bevor man sie zum ersten Mal geknallt hatte!
Und wer hat es getan, so ganz spontan?
Na, er! Ja, der!!!
Der mit den Wölfen schläft.
Der, der immer denkt:
Ich sitze wieder rum, in der Glotze läuft nur Mist, Peter Bond stellt immer Fragen und ich kenn die Antwort nicht, also nehme ich meine Schaltung und ich mach die Glotze aus, dann nehme ich mir ne Cola und ich dreh das Radio auf!
„Hiphop, Hiphop lets rap to the top, lets stump with your feet to the best of the beat!" dröhnt es aus den Boxen raus, doch ich mache mir da nichts draus,

denn da stehe ich ja drauf und gut
gemacht ist es auch!!!
Aber immer so was kann ich wirklich
nicht mehr hören, und eines sag ich
Euch, ja das kann ich schwören, auch
andere Musik hör ich gern, in wie fern,
na so fern eben auch Pop gerne hören,
oder Rock gerne hören, oder Dance, oder
House, oder Tekkno gerne hören!
Ich schlafe langsam ein, was ich leider
nicht gemerkt, eine Stimme aus den
Boxen, wirklich unerhört spricht zu mir
wie eine Fee, erst dachte ich:
„Ne!“ doch dann „Okey!“
Denn: „Wie die Stimme, so die Frau, das
habe ich mal gehört!“
Also muss sie gut sein, ich gehe zu ihr
hin, ich klingele an der Tür, der Anblick
war schlimm!!!
Fett und dick und Pickel im Gesicht,
graue Haare, viel Gewicht, Warzen und
Gicht! Sie schnappt mich!

Nein – oh nein! Wie komm ich hier nur
raus? Die Rettung war der Klaus! Auch,
wenn nur deshalb, weil es sich reimt!“
Fertig!

(Mal wieder!!!)

So ist dieses Buch!

Und vergessen Sie bitte nicht die Zeilen
einundzwanzig bis sechsundzwanzig auf
Seite zweiundfünfzig!
Super! Danke!!!

„Wie bitte? Sie wollen schwanger
werden? Na überhaupt kein Problem!
Zeigen Sie nur her, Ihr tropfendes Loch!
Hm –lecker, steck ihn rein und das Baby
kommt!"

Ach was, die Schwester will das auch?
Igitt! Ne, aber nicht mit mir!!!
Is ja ekelhaft! Buähhh! Also, nicht mit
der! Auch wenn die sich jetzt weiter mit
beruflicher Scheiße rumschlagen muss!
Wurde die eine halt geknallt und die
andere nicht!
Hm… ist sie halt selbst schuld, wenn sie
noch hässlicher ist, als ihre Schwester!!!
Dummes Weib!
Ich hätte sie schon gefickt, aber sie
wollte ja nicht! Total bescheuert!
Heute weiss sie, was sie davon hat!
„Weiber halt!"

Okey, eigentlich sollte dieses Werk folgenden Namen tragen:
„Das Gummifotzen-Trauma! – Ilse muss immer furzen!"

Die Charaktere wären folgende gewesen:

Zuerst Er.
Er war homosexuell und war so eine richtige Tucke!
Er stand auf Village-People und auf Pet-Shop-Boys, oh ja, sein Motto war stets „Ich sach ja immer Papfelsaft, ahaha!"
Des Weiteren besaß er ein pinkes Damenrad mit Radio am Lenkrad!

Ausserdem gab es Ilse, dreiundsechzig Jahre alt, mit asozialer Ausdrucksweise.
Sie lott sehr unter Inkontenez und musste ständig furzen.
Sie furzte wie das Zeug hielt, sogar in Sonthofen! Pfui! Das konnte extrem stinken!
Ihr Motto war stets:
„Tach, ich bin Ilse, hach – meine Inkontenez…"

Sie besaß ein Haustier. Ihre Kakerlake, die ihr immer und überall hinterher krabbelte.
Dann war da noch Lady Madonna! Ein Travestie-Künstler. Er fand ihn richtig tuffig! Mit anderen Worten: Extrem geil!

Die sexy Lady war eine geile Ische!

Die Village-People waren immer irgendwie da, sie konnten nicht sprechen, wenn sie den Mund aufgemacht haben, kamen stets Gesänge dabei heraus!
Gut, aber das sollte so sein. Wegen dem Drehbuch!

Last but not lead, der DREAMBOY!!! Wow! Er war etwas älter als er, und immer sehr eifersüchtig, und immer sehr schnell gekränkt.

„Komm hol das Lasso raus!" war seine Lebensphilosophie.

Eines Tages begab es sich, dass alle zusammen in der Winnie-Puh-Gruppe des städtischen Kindergartens zu Neuss beim frühstücken an einem Tisch saßen und gerade gemeinsam die Marmelade von den Tellern ableckten.

Da hörten sie, dass die Bären-Gruppe, also die Großen, im Nebenraum eine Party feierten.

Sie hörten, dort lief gerade der Lasso-Dance und alle sprangen auf und schrieen kollektiv:

„Huch, das ist ja Cowboy und Indianer! Das können wir auch tanzen!!!"

Alle schwangen ihr Lasso! Seither sind die Großen aus der Bären-Gruppe in regelmäßiger Behandlung beim Hobby-Psychologen Michael B.! Sind se ja selbst schuld! Warum spielen die das auch!

Dialog 4:

„Wir können Barbie spielen oder Friseur!"

„Dann spielen wir Barbie, aber sag mal, warum hast Du denn nur männliche Barbie-Puppen?"

„Na hör mal, also das hier ist der Prinz
von Cinderella und das hier ist der Prinz
von Schneebitchen und die treffen sich
immer heimlich und dann, hihi,
verstehste?“
Dialog 4 Ende.

Zeitsprung:
„Hallo, ich bin Lady Madonna! Ich bin
Travestie-Künstler!“
„Hach, Travestie-Künstler, na dann habe
ich ein Geschenk für Dich!“ und er
schmiss ihm eine Gummifotze in den
Schoß.
Lady Madonna kreischte sich seine
Kehle aus den Hals, sprang auf und
rannte weg. Bis er gen Horizont
verschwand.

„Dein Arsch gehört mir!“
„Buäh, igittipfui!“

„Hä? Lass Dich mal wieder gegen Deine
blöde Heterosexualität impfen!“

Überall lagen Gummifotzen auf der Erde
herum. Immer wenn man auf eine davon

drauf trat, ertönte ein feuchter Fotzenfurz. Das war sehr stimulierend!
Ab und zu gab es sogar einige Hochzeitsfürze!!!
„Prrrdsch, prrdsch!!!" machte es dann.
„Gudä, isch häddedama Fräääge!"
„Dann fräääsch!"
„Kannst Du mir folgen?"
„Sischadat!"
„Ja, dann gema!"

Auf zur Busfahrt. Die war ja besonders merkwürdig.
Einer, nennen wir ihn mal Kamerad A, meinte, dass er ja mal auf Toilette müsste. Er stand auf und stellte dann fest, dass der Bus gerappelt voll war. Voller sogar als Kamerad A selbst am Abend vorher und da war er schon sternhagelblau!
Gut. Er drängte sich so durch die Massen, bis er feststellte, dass es überhaupt keine Toilette hier gab.
Was machte Kamerad A? Na, haben Sie es schon erraten?
Richtig! Er setzte sich wieder auf seine Platz und ließ es einfach so in die Hose und auf den Sitz laufen.
Einfach so!

Ebenfalls sehr interessant war Kamerad B. Er telefonierte eifrig auf seinem Handy und rief immer wieder so etwas wie

„hrrgemalatrupptripp hinten!" in das Gerät hinein.

Im nächsten Augenblick, rief er in aller Deutlichkeit:

„Der Empfang ist ganz schlecht!"

Diesen Vorgang wiederholte er dreimal.

Er sagte: „Also tschüss dann, ne!?"

Okey, aber dann, ein ungeheuerlicher Vorgang: Er nahm sich den Schokoriegel vom Ohr, öffnete die Verpackung und aß ihn auf. Da konnte man nur noch mit großen Augen schauen und sich sehr wundern.

Sie kennen es sicherlich aus eigener Erfahrung: Wenn Sie etwas nicht sehen wollen, dann schauen Sie einfach nicht hin. Wenn Sie jedoch etwas nicht hören möchten, tja – was dann? Sie müssen es sich trotzdem anhören! Oh ne, schon wieder ein „Deja vu"!

So stopfte sich mir folgender Dialog ins Ohr: Kamerad C fing exakt folgendes

Gespräch mit seinem Sitznachbarn an:
„Wir waren in Köln!"
„Hä???"
„Wir waren inKöln!"
„Okey…!?"
„Jaaaaa!"
Dialog Ende! Irre!!! Absolut irre!

Dann wieder Kamerad A:
Diesmal er am Handy. Zu seiner Verteidigung kann man im Vorfeld schon mal erwähnen, dass es sich hierbei in der Tat um ein richtiges, echtes Handy handelte!
„Ja ist gut, die Schlankies! Ja ist gut, die Schlankies! Ja ist gut, die Schlankies! Warte mal, was ich Schlankie? Ach so, abnehmen, ein Kilo, ne, ne!"
Anschließend rief er ganz laut:
„Das war meine Mutti!"

Die Verwunderung wurde immer größer! Zu Recht! Kamerad D erhob sich emotional aufgewühlt von seinem Platz und brüllte lauthals seinen Nachbarn an:
„Du – Du –Du, Du hast doch, Du hast doch!" und noch lauter brüllte er „Pöhhöhh!!!" Danach nahm er wieder

Platz und war nicht mehr weiter zu hören oder zu sehen!
Respektables Schweigen und stirnrunzelnde Gesichter übertrugen sich schlagartig auf alle Fahrgäste in diesem Bus. Inklusive Fahrer!

Zurück zum Kameraden B, also der der mit seinem Schokoriegel telefonierte. Neben ihm, auf dem Sitz, stand sein übertrieben großer Reisekoffer. Ein betagter Mann fragte höflichst, ob er vielleicht dort sitzen könnte.
Kamerad B antwortete:
„Ich kenn Dich aber nicht!“
Der Herr wieder sehr höflich: „Könnten Sie vielleicht diesen Koffer…“
und diese Frage nicht mal zu Ende gestellt, rief Kamerad B dreimal ganz laut nach einer „Emma“.
Der freundliche Herr schaute verdutzt weg und hatte jegliche weitere Konversation aufgegeben.

Kamerad C sprach mit sich selbst: „Hoch, was ist das denn jetzt? So eine Scheiße hier! Näh, näh!“
Ende!

Das alles spielte sich in einem Zeitraum von weniger als zehn Minuten ab. Bleiben sie von einer solchen Erfahrung mal unberührt.

Ich kann Ihnen versichern, das wird Ihnen nicht gelingen. Sie werden das Erlebte jemandem mitteilen wollen und glauben Sie mir, Ihnen wird es keine abkaufen. Ich spreche aus Erfahrung! Man wird Ihnen unterstellen, Sie seien in Besitz eines kranken Hirnes!

Zu Recht! Sie würden auch niemandem glauben, der Ihnen solche Dinge erzählt und darauf besteht und es immer wieder zum Ausdruck bringt, dass es sich gerade eben genau so abgespielt hat.

Sie werden Kommentare ernten wie zum Beispiel

„Sicher!" oder „Natürlich!"

Ja, Sie erhalten den Stempel „Ab in die Irrenanstalt!!!" aufgedrückt!

Also erzählen Sie lieber niemandem solche Erlebnisse, sondern versuchen Sie, es innerlich einfach zu verarbeiten. Dann werden Sie wirklich verrückt! Wenn Sie es danach kundtun, werden Sie wenigstens gerechtfertigter Weise als durchgeknallt bezeichnet.

Sollten Sie etwas ähnliches gegebenenfalls mal Träumen, werden Sie Mitleid oder Unverständnis ernten.
Sie erhalten garantiert Rufnummern von Telefonseelsorgern.
Falls nicht, bekommen Sie hier schon mal eine von mir: 0900 / 66 66 66, bitte sehr – auch an die Hotline.
Also rufen Sie da besser nicht an.
Die computeranimierte Sprachsteuerung und die Menschen dahinter werden sich für Ihr Geld bedanken.
Ganz abgesehen davon, sprechen Sie dann nicht mal wirklich mit einem Seelsorger! Lustig, ne!
Also: Rufen Sie dort unter keinen Umständen an, wenn Sie Hilfe erwarten!!! (Ausdrücklicher, wichtiger Hinweis!)

Themenwechsel:
Er hat bis heute keinen neuen Job bekommen, weil seine Ansprüche nicht im Geringsten identisch waren mit der Angebotspalette der Bundesagentur für Arbeit! Kann man nichts machen.
Muss man halt weiterhin am Vor- und Nachmittag Talk- und Gerichtshows ansehen. Empfehlung: Privatsender!

<u>Kapitel 4: Frühjahrsmüdigkeit</u>

Nachname bei Kapitel Vier lediglich
Arbeitstitel! Könnte überraschender

Weise in keinem Bezug zum Inhalt des Kapitels stehen.

Jetzt allerdings, wollen wir erstmal darauf eingehen! Anfang April, er hatte keine Lust, die Eier, welche der Osterhase versteckt hatte zu suchen. Notfalls hätte er ja auch gewusst, wo er ausserdem welche finden kann. Theoretisch jedenfalls, denn praktisch war der Bauch im Weg.

Eines war im ohnehin klar: Im nächsten Jahr würde er sich nicht wieder als Osterhase verkleiden und Eier für sich verstecken, die er dann am nächsten Morgen suchen könnte.

Es lohnt sich nämlich nicht, weil er zu Faul war.

Es fiel ihm wie Sternschnuppen von den Augen: Er hatte eine Selbstdiagnose durchgeführt und konnte seltsames, folgendes Krankheitsbild feststellen: „Frühjahrsmüdigkeit"!

Ja logisch, das ist doch viel zu abstrakt! Das konnte er ja gar nicht verstehen! Oh man!

Prophylaktisch* (*= vorsorglich) legte er sich in sein warmes Bett um schlafen zu können.

Schlafen, so beschloss er in Funktion seines Arztes, ist die beste Medizin gegen Müdigkeit. Da hatte er ja auch recht mit.
Ganz schön schlau, unser Digga.
Respekt!
Guter Mann!
Was für eine Frau!
Er! Yeah! Bär!
Hundertfünfzig Kilo Lebendgewicht lagen schnarchend, alle Viere von sich gestreckt, auf seiner Matratze. Lecker! Ebenfalls prophylaktisch hatte er sich seine selbst verordnete Tüte Chips auf seinen kleinen Nachtschrank aus Eiche gelegt. Daneben standen zwei Flaschen Cola. Vor dem Bett: Ein Eimer! Für den Fall, dass er mal müsste, aber zu müde dafür wäre.
Wir stellen fest, nachdem er festgestellt hatte, dass er, als sein eigener Arzt feststellte, dass man Frühjahrsmüdigkeit feststellen musste, hatte er sich gut vorbereitet. Auf seine Therapie.
Auch die Fernbedienung für seinen Fernseher war sehr krankengerecht bereitgelegt. Sogar den Knopf am Gerät hatte er vorher gedrückt. Was ihm allerdings nicht gleich auffiel: Er hatte

ihn in die falsche Richtung gedrückt, also nach außen und nicht nach innen. Quasi ausgedrückt, statt ein.

Was nun, da er dort so krank herumlag und das zu einem extrem schweren Problem wurde.

Immerhin wurde ihm absolutes Bewegungsverbot verordnet. Schon beim ersten Versuch, sich aufzuraffen war es klar wie Knödelsuppe:

Er hatte recht, als sein Arzt, als er sagte, dass jede Bewegung riesige Anstrengung bedeuten wird.

Er warf den linken Arm von rechts nach links über seinen Körper, dann den rechten Arm von links nach rechts, dann den linken von links nach rechts und den rechten von rechts nach links.

Schmiss das rechte Bein von unten nach oben in die Luft und es fiel wie ein Stein wieder runter. Er warf das linke Bein von unten nach oben in die Luft, aber was war das?

Es blieb in der Luft stecken! Ein wundervoller Moment.

Damit könnte er sich den Anfang für seine Reise zum Knopf geebnet haben.

Es schien, als öffnete sich die Wolkendecke für einen Moment und ein heiliger Sonnenstrahl erleuchtete für kurze Zeit sein in der Luft steckendes Bein.

Besonders an den Zehen.

Begeistert, mit einem Ausdruck des Dankes und Freude im Gesicht betrachtete er das göttliche Schauspiel.

Das musste ein Zeichen gewesen sein.

Ganz klar! Er wusste nun, er kann es schaffen, wenn er nur ganz fest an sich glauben würde.

Die Wolkendecke zog sich wieder zusammen und der mysteriöse Schein verlosch.

Doch, oh Wunder:

Trotzdem steckte sein Bein weiterhin in der Luft fest, gerade so als hätte es sich darin verknotet.

Das nennt man Motivation!

Über Didaktik musste er sich bestimmt keine Gedanken machen, sein Ziel war klar, es ging nur noch um die Methodik.

Ein Lehrgespräch würde hier lediglich den kognegtiven Lernbereich ansprechen.

Ein Rollenspiel den Affektiven und eine Vier-Stufen-Methode den Psycho-Motorischen.

Er könnte im Affekt aufspringen und den Knopf drücken. Er in der Rolle des Supermannes oder Spiderman sogar.
Er übernahm schlagartig die Rolle von Inspektor Gadjet und fuhr mit einem überzeugendem „Go go gadjetto Finger" seinen Zeigefinger heraus, ließ ihn, zwar in Zeitlupengeschwindigkeit, aber immerhin mit einem klar definierten Tempo auf den Knopf landen.
Klack, es hat geklappt!
Er grinste über beide Wangen und war zu Recht sehr stolz auf sich. Er wusste, auch kleine Erfolge muss man mit Lob honorieren und belohnen.
Er packte sich eifrig seine Tüte Chips, die neben dem Fernseher auf seinem Nachtschrank wartend herum lag und die Fernbedienung.
Fernseher an, Tüte auf, futter, futter, futter, glotz, glotz, glotz…
Eine halbe Stunde lang! Dann verfiel er in einen wohlverdienten, langen und tiefen Schlaf.
Oh nein, er wurde wach und wusste, er muss eine Wurst legen.
Seine imaginäre Eisenhauer-Matrix verriet ihm, dass es sich hierbei um eine Priorität, Stufe eins handelt, dass diese

Chefsache war und er sie nicht delegieren konnte.

Auf Termin setzen ging nicht, und weg schmeißen erst recht nicht!

Da war nichts mit „Go go gadjetto", nein, er musste in der „Vier-Stufen-Methode" eine Lösung finden, obwohl, mit vormachen und nachmachen war da auch nicht viel!

Blödsinn, also besser vielleicht sogar in dem Prinzip der vollständigen Handlung.

Das heißt, er musste sich informieren, dann planen, danach eine Entscheidung treffen und zur Durchführung kommen.

Im Anschluss gäbe es die Selbstkontrolle und danach die Bewertung seiner Ausarbeitung!

Schritt 1: Informieren! Er stellte sich sein Gehirn vor. In einer abstrakten Darstellung und stark verkleinert, dann stellte er die Information fest, die irgendwo als ein Glied der Kette des neuronalen Netzes verankert war.

Ihm war klar, sein Hirn konnte Informationen in folgendem Umfang erfassen:

Achthunderttausend mal ein Lexikon a sechsundzwanzig Bänden mit je siebenhundert Seiten pro Band und fünfhundert Begriffen und deren Definition pro Seite.

Trotzdem konnte er genau die entscheidende Information ausfindig machen, und die hieß nun mal:

„Eine Wurst legen!"

Er bewunderte sich eine ganze Weile, bis er zu planen begann:

Aufstehen, gehen, machen?

Machen, aufstehen, gehen?

Aufstehen, machen, gehen?

Oder vielleicht sogar erst gehen, dann aufstehen und dann machen?

Gut, diese Planung wurde ihm zu anspruchsvoll und er beschloss, es einfach so zu machen wie immer:

Mit der Loci-Technik! Er hatte zehn Begriffe in exakt der folgenden Reihe auswendig gelernt:

Waschbecken,
Graupensuppe,
Wirsing,
Lichterfest,
Trantüte,

Ausdrucken,
Apfelschorle,
Schere,
Hose

und

Kaffeetasse.

Somit war klar:
Erstens Pantoffel,
zweitens um das Bett herum,
drittens Tür auf,
viertens über den Flur,
fünftes Klobrille hoch,
sechstens Hose runter,
siebtens drücken,
achtens abputzen,
neuntens anschauen,
zehntes abspülen.

Dann die Schritte eins bis sechs einfach
noch mal wiederholen, aber rückwärts.

Lief! Perfekt! Was soll man sagen?
Er begrüßte sich zurück in seinem Bett
und konnte somit seine eigene
Atmosphäre auflockern und Kontakt
herstellen.

Ich vermute ganz stark, dass Sie nun sehr beeindruckt sind über das, was ich jetzt hier mal vom Stapel gelassen habe.

Ich sage es ja immer:
Lernen zahlt sich aus! Lassen auch Sie sich mal von einer wohltätigen Einrichtung zu einer Bildungsmaßnahme einladen und genießen dort glückliche Milch von dicken Kühen!

Aber hüten Sie sich, Witze über Frauen zu machen, wenn die Seminarleiterin selbst auch eine Frau ist.
Anders hingegen ist es, wenn die Seminarleiterin keine Frau ist. Dann können Sie schon mal einen lockeren Spruch raus hauen und so richtig damit punkten!
Aber Achtung, andere Lehrgangs… ehm, Teilnehmer könnten unter Umständen auch Frauen sein.

Das erkennen Sie in der Regel am Blut, bei einigen am Damenbart und bei anderen am auffällig nicht männlichen Körperbau. Vielleicht!!!

Mann soll ja nicht alle über einen Kamm scheren!

Das könnte ansonsten nämlich ein Hammerspaß werden.

Probieren Sie es aus!

Vermeiden Sie aber unbedingt Ausdrücke wie „Schlitzpisser" oder „Tittenbonusempfänger".

Darauf habe ich nämlich die Urheberrechte! Nennen Sie den zweiten Ausdruck doch einfach „TBE" so wie Sie auch immer „ICE" statt „Intercityexpress" sagen.

Den ersten Ausdruck könnten Sie dann ja ganz charmant durch „Schlippi" ersetzen.

Womöglich fühlt sich Ihr gegenüber dann sogar sehr geschmeichelt, obwohl Sie es gerade voll verarscht haben. Klingt spaßig, ne!?

„Soviel Spaß für wenig Geld!"
von den Prinzen könnten Sie zum Beispiel idealer Weise singen, wenn Sie eine der Teilnehmerinnen ins Bett gekriegt haben und gerade Ihren Orgasmus hatten.

Dann wegdrehen, anziehen und kommentarlos gehen.

Je nach Begebenheiten können sie sich ja beim rausgehen noch ein Bier aus dem Kühlschrank dieser Schnecke mitnehmen.
Beim schließen der Wohnungstür noch mal „tschöö!" und weg!

Was man auch machen könnte zum Beispiel wäre:
Ganz laut „iiiiiiihhh" schreien, wenn sie sich freimacht. Dann müssen Sie mit der Hand vor dem Mund raus laufen!
Tun Sie dabei ruhig so, als ob Sie kotzen müssten, auch wenn der Body von ihr in Wirklichkeit sehr erotisch ist.
Extrem hoher Spaßfaktor! Das garantiere ich Ihnen.

Schauen Sie einer Frau ins Gesicht und sagen „Bor, wo hammse denn die hässliche Maske gekauft!"
Der ist allerdings vom Lorenz, nicht von mir! Lorenz ist mein Stubennachbar, wenn ich die Armee besuchen gehen will.
Er ist aber nicht so, wie die Hauptperson in diesem Buch! Wirklich! Das meine ich ganz ehrlich!

Und wer das nicht glaubt, muss einfach bei Studie FauZett nach ihm recherchieren.

Also bitte: Erst recherchiert er, dann Sie! So habe ich diesen Satz jetzt verstanden. Sie vermutlich auch, weil er das wohl ausgesagt hat, war aber genau anders gemeint, im Sinne von „Suchen Sie ihn dort".

Um wieder auf die Frühjahrsmüdigkeit unserer fiktiven Figur zurück zu kommen abschließend noch eine Sache: Frauen können bereits nach einem einzigen One-Night-Stand Früchte tragen. Verstehen Sie?

Selbst wenn Sie der Meinung sind, Sie hätten ihn früh genug raus gezogen. Dieser kurze Spaß kann in extremen Fällen noch extremer teuer werden: Minimum für achtzehn Jahre von durchschnittlichen, nach derzeitiger gültiger Düsseldorfer Tabelle für einen „normal" – verdienendem Mann etwa zweihundert Euro.

Also zweihundert mal zwölf mal achtzehn! Minimum!!!

Dann stimmt es mit dem

„Spaß für wenig Geld" nicht mehr so ganz.

Es sei denn, Sie finden, runde vierundvierzigtausend Euro sind wenig Geld, dann hab ich das nicht gesagt.

Hinweis: Pro Treffer!!!

Verdoppeln Sie die Summe bei zwei Treffern und so weiter! Da gehen Sie bald für verhältnismäßig wenig Spaß ganz viel arbeiten.

Das war doch wohl mal ein Übergang: „arbeiten" und jetzt sind wir wieder im Bett, vor dem laufenden Fernseher mit Chips und Cola:

Der pennt! Undankbar eigentlich.

Wir sehen es ihm nach und warten einfach ganz easy ab, bis er seine Frühjahrsmüdigkeit auskuriert hat.

Bis dahin präsentiere ich Ihnen ein Werk aus meiner Langspielplatte „Funkstille":

„Puäh, der rotzt da voll rein!"

Das war eine so genannte „Bridge".

Ein kurzer Einspieler zwischen zwei Titeln.

Primär machen das Künstler, denen nichts anderes einfällt um das Album voll zu kriegen.

Sagen wir mal mit sechzehn Titeln anstelle von nur zehn.

Da kann man dann noch ein „Intro" am Anfang und ein „Outro" am Ende der eigentlichen Produktion reinhauen und noch andere diverse Lückenfüller wie beispielsweise „Werbung".

Haben wir alles gemacht bei diesem Longplay! Hat keiner gemerkt.

Lohnt sich übrigens auch nicht zu kaufen, erst recht nicht, für viel Geld bei Ebay.

Dieses Ding war, ist und bleibt wahnsinnig schlecht. So harren wir der Dinge, die da noch kommen!

Kapitel 5: Das traurige Ende...

„Aaaaaahhh!!!“ schrie der Dicke, als er aus seinem Schlaf erwoch.

Er hatte einen fürchterlichen Albtraum. Schweiß-gebadet lag er im Bett.

Ein wahrlich schauderhaftes Erlebnis zeigte sich in seinem Traum:

Er ist geplatzt und hat sich selbst in tausenden Fetzen durch die Lüfte fliegen sehen.

Und das im Einkaufszentrum vor dem Süßigkeitenregal.

Ein Fetzen von seinem Gehirn klatschte vor die Arschbacke einer Mutter, die etwas Gesundes zum naschen für ihre Kinder kaufen wollte.

„Du alte Sau!“ schimpfte sie ihn aus.

Ein Brocken Currywurst aus dem Bauch flog in den Korb von einem Schnelllaufgerät für alte Omas.

Die Inhaberin fing auf der Stelle an zu „speien“!

Über die Fäkalien aus dem Darm wollen wir besser mal gar nichts sagen, außer vielleicht, das die ziemlich widerlich gerochen haben.

„Pfui Spinne, pfui Spinne!“ rief eine aufgebrachte Frau immer ganz laut, während sie ständig in Panik von A nach B und von B zurück nach A rannte.

Er konnte alles hören und alles sehen, obwohl er ja geplatzt war.

Seine Augen lagen auf den Fliesen herum und schauten immer hin und her.

Seine Ohren lagen ebenso herum und zuckten jedes Mal, wenn irgendwer etwas über seine hinterlassene Schweinerei sagte.

Jemand der sich eine Kiste Bier für vier Euro neunundneunzig kaufen wollte sah einen Klumpen fertiggekaute Pommes Frites rumliegen und hatte somit sein Mittagessen für heute gesichert.

Da konnte er zur Feier des Tages sogar fünf Flaschen extra kaufen.

Die Pommes waren sogar mit Mayo und Ketchup!

Der Pillemann flog bei der Explosion auf den Tirolerhut eines zigarrerauchenden, Benz fahrenden Rentners und blieb da liegen. Das hatte aber keiner gemerkt. Was ja auch nicht weiter schlimm war. Erstmal!

Doch warten Sie den „Aha-Effekt" ab. Das wird lustig!

„Ich kauf mir lieber einen Tirolerhut, der steht mir so gut…" Ha!

Jedenfalls lag er da so rum, in seine Einzelteile zerfetzt. Geplatzt! Weil er so dick war und noch dicker wurde, aufgrund der Tatsache, dass er im Traum nicht abwarten konnte, die Marschmellows erstmal zu bezahlen, bevor er diese in sich reinstopft.

Ach ja, wie nennt man Menschen die oft und gerne marschieren? – Marschmenschen! Hahaha! Mein Running-Gag!!! Ist der geil!
Erzählen Sie dass mal einem Grundwehrdienstleistenden. Der wird mitlachen! Vor allem, wenn er vorher Maurer, Metzger oder Mörder war.
Aber auch hier: Ausnahmen bestätigen die Regel! Um mich selbst zu schützen! Tja und dann ist er halt geplatzt!

Pääääng!
Mit Echo sogar!

Das Ende vom Lied war, dass sein Mund da rum lag und immer:
„Nein!!! Nein!!!“ gerufen hat, als er sah, dass eine Raumpflegerin also ne Putze mit Wischmopp und Besen und

Kehrblech ankam und ihn einfach wegwischen und auffegen wollte.
In den Müllsack reinkehren und die Tonne schmeißen wollte.
Zuschauen, wie die Raben seine Fetzen aufpicken und wieder auskacken, als ganz normale Vogelscheiße.
Womöglich im Flug und klatsch auf die Erde knallen lassen.
Und alles, das war klar, würde er bewusst miterleben!
Also schrie er aus Leibeskräften.
Aber es schien so, als könnte ihn niemand hören.
Als seine Augen hin und her schauten wurde ihm auch klar, warum:
Seine Stimmbänder wurden nämlich in eine ganz andere Richtung geschleudert.
Sie klebten sogar an einer Dose Ravioli und trockneten gerade aus.
Da konnte er schreien, wie er will. Es konnte ihn keiner hören.
Mit dem ersten Vogelschiss erwachte er aus seinem Traum.
Wie gesagt: Schweißgebadet!

Er konnte es noch gar nicht fassen und tupfte sich nach dem Anschalten seiner

Nachttischlampe mit einem Tempo die Stirn ab. Zwar ein Gebrauchtes, aber immer noch saugfähig.

Er machte dicke Backen, atmete dabei tief aus und war so froh, dass er sich schwor, dass er abnehmen wird.

Ein löbliches Unterfangen! Aber hallo! Da hat er sich ja echt mal was vorgenommen. Also waren auch gleich alle Symptome seiner gerade noch ausgenutzten, selbst festgestellten Krankheit, wie eine kleine Seifenblase zerplatzt.

Plupp!

Über einem Zeitraum von knapp fünf Wochen stellte er seinen Diätplan auf! Fünf Wochen sind immerhin nur fünfunddreißig Tage.

Also nur ein bisschen mehr, als ein ganzer Monat. Genau solange brauchte er für seinen Fitnessplan, aber im Anschluss an seinen Diätplan.

Danach musste er nur noch den Tag festlegen, an dem er anfangen würde.

Diese letzte Aktion dauerte sogar nur etwa zwanzig Tage und summa summarum startete er nach ziemlich

genau drei Monaten so richtig durch!
Motiviert! Aktiviert! Und so weiter und
so weiter!!!

Fortan ging er sogar zum einkaufen nur
noch zu Fuß, lediglich für den Rückweg
würde er weiterhin das Taxi nutzen.
Salate gab es jetzt nur noch mit Dressing
und Haselnusstafeln nur noch im
Partypack! Die waren ja kleiner!
Logisch, ne?
Außerdem nahm er sich vor, nicht mehr
soviel im Bett rumzugammeln.
Also kaufte er sich auf Pump einen
neuen, elektronisch steuerbaren
Fernsehsessel.
Wäre noch etwas Geld übrig geblieben
hätte er sich sogar auch noch ein neues
Fahrrad zugelegt, aber man muss ja
schließlich Prioritäten setzen.
Da war ein neuer Sessel logischerweise
prima und ein neues Fahrrad ebenso
logisch nur sekundär!
Man merkt, der Anflug vom extrem
hohen Intellekt während der
Frühjahrsmüdigkeit ist wech!
We eh zeh ha! Wech! Was will man
sagen? Ist dann halt eben so und es lohnt
sich auch nicht, sich darüber aufzuregen,

weil, muss man halt mit Humor nehmen!
Was Sie vielleicht noch gar nicht
wussten:
Er war in der Lage die kleine
Nachtmusik vom Amadeus zu furzen,
wenn er Blähungen hatte.
Das war fortan eine Sportart, um die er
sich nun rege bemühte.
Sagen wir mal nach einer leckeren
Portion Sauerkraut oder einer
Schmackhaften Frikadelle mit Zwiebeln.
Wenn der Erste war, sogar ein
Dönerteller mit viel Zaziki vom
freundlichen Fachmann nebenan.
Wie auch immer. Sein Plan schien
aufzugehen. Doch dann, was keiner zu
Träumen wagte, auch er selbst nicht,
musste er natürlich an einem sonnigen
Tage im Oktober mal wieder einkaufen
gehen.
Der Einkauf von gestern war nämlich
weg, sogar.
Wie vorgenommen: Zu Fuß hin, mit
Taxi zurück!
An jenem Tag konnte er sich die
Fahrtkosten allerdings sparen.
Das wusste er aber nicht. Er schob
seinen Einkaufswagen mit dem

Gratischip aus dem Getränkemarkt durch das schöne Einkaufszentrum.

Packte ein: Kartoffelsalat, Sülze, Haselnusstafeln in der Party-Packung, und noch ein bisschen dies und ein bisschen das.

Ja, und weil er bis dato tapfer durchgehalten hatte und so gut wie nie gegen seinen Diät- und Fitnessplan verstoßen hatte, dachte er, er könne sich für diese ausgesprochen gute Leistung selbst einmal belohnen.

Das tat er auch.

Er stand vor dem Süßigkeitenregal und überlegte sich sehr genau, mit welcher Kleinigkeit er sich einen kostbaren Moment seiner Zeit veredeln könnte.

Da hatte er seinen Geistesblitz: Marschmellows!

„Oh wie die schmecken werden!“ dachte er sich.

WARUM konnte er es aber nicht abwarten, seine Marschmellows erst zu bezahlen und dann zu essen?

Noch vor dem Süßigkeitenregal riss er die Tüte auf und stopfte die Teile in sich hinein!

Er hörte innerlich eine Stimme schreien:
„Aaaaaahhh!!!" und dann schallte es durch das gesamte Einkaufszentrum:

Pääääng! Mit Echo sogar!

Er war in der Tat geplatzt!

Ein zigarrerauchender, Benz fahrender alter Rentner saß hinter seinem Lenkrad und dachte:
„Wuisn meine Zigarre…", dann griff er auf seinen Tirolerhut und murmelte sich in seinen Bart:
„adaisse ja!"
Er steckte sie sich in den Mund!

In diesem Sinne, verehrte Leserinnen und Leser: Auf Wiedersehen! (Ja, jahaaah – Wirsing!!!)

Ihr
Mario Lostinio!!!
(Geilomat!)

;-)